AF224088

# A FRANCE

# DU SOUDAN

PAR

## GAZEAU DE VAUTIBAULT

PROMOTEUR DU TRANS-SAHARIEN ET DU TRANS-CONTINENTAL AFRICAIN

Secrétaire général de la Société pour le progrès des Sciences sociales et économiques ;
Secrétaire de la Société des Cultivateurs ;
Commissaire général du Congrès international de Géographie à l'Exposition de Paris de 1878 ;
ex-Président de la Commission du Trans-Saharien de la Société
de Géographie commerciale de Paris ; — Membre correspondant des Sociétés
de Géographie de Rome, Rouen, Nancy, Oran, de climatologie d'Alger ;
Membre de la Société des Agriculteurs de France ; — Avocat, etc , etc.

PRIX : **2** FRANCS

AVEC CARTE

PARIS

CHALLAMEL, LIBRAIRE-ÉDITEUR

5, RUE JACOB, 5

1882

# LA FRANCE
# AU SOUDAN

# OUVRAGES GÉOGRAPHIQUES

DE

## M. GAZEAU DE VAUTIBAULT

---




1773. — Paris. Imprimerie F. LEVÉ, rue Cassette, 17.

# LA FRANCE

# AU SOUDAN

PAR

## GAZEAU DE VAUTIBAULT

PROMOTEUR DU TRANS-SAHARIEN ET DU TRANS-CONTINENTAL AFRICAIN

Secrétaire général de la Société pour le progrès des Sciences sociales et économiques ;
Secrétaire de la Société des Cultivateurs ;
Commissaire général du Congrès international de Géographie à l'Exposition de Paris de 1878 ;
ex-Président de la Commission du Trans-Saharien de la Société
de Géographie commerciale de Paris ; — Membre correspondant des Sociétés
de Géographie de Rome, Rouen, Nancy, Oran, de climatologie d'Alger ;
Membre de la Société des Agriculteurs de France ; — Avocat, etc., etc.

PRIX : **2** FRANCS

AVEC CARTE

## PARIS

CHALLAMEL, LIBRAIRE-ÉDITEUR

5, RUE JACOB, 5

1882

# LA FRANCE

# AU SOUDAN

## PUISSANCE CONTINENTALE ET PUISSANCE COLONIALE ET MARITIME DE LA FRANCE.

Je demande la permission, au début de cette brochure, de rappeler les paroles par lesquelles en 1880 je finissais une conférence à l'hôtel de ville de Nancy :

« Une des gloires les plus pures de la tribune française au xixe siècle, mon illustre ami M. Berryer, s'écriait un jour dans un de ses plus beaux mouvements oratoires : Hé quoi ! la France resterait une puissance continentale en dépit de ces vastes mers qui viennent rouler leurs flots sur ses rivages et solliciter en quelque sorte les entreprises de son génie ! »

Non, Messieurs, la France ne peut pas rester une puissance continentale. Elle a, je le sais, une grande étendue de frontières qui se déroulent tout au long de celles de l'Italie, de la Suisse, de l'Allemagne, de la Belgique.

Ce sont nos frontières de l'Est qui, ici plus que partout ailleurs, sont chères au cœur de tout Français.

Mais nous avons aussi d'autres frontières, et celles-là ce sont nos frontières maritimes.

Et que sont, je vous le demande, nos frontières continentales, que sont-elles, comme étendue, en regard de tout ce littoral sur lequel déferlent les vagues de la Manche, de la Méditerranée, de l'Atlantique ?

Eh bien, ces vagues, dans leurs mugissements, ont leur éloquence. Leur flux continu sur nos côtes semble dire à la France que, si elle a des droits à exercer, des devoirs à remplir, un rôle à jouer sur ses frontières continentales et en Europe, elle a des destinées non moins belles, des destinées non moins grandes en tant que puissance maritime et coloniale.

Oui, par delà l'immensité des océans qui baignent notre patrie au nord, à l'ouest, au midi, il y a des peuples qui ont droit aux regards de la France, et qui depuis longtemps déjà devraient être des Français d'outre-mer.

Ces peuples ont d'inépuisables richesses minérales, végétales et animales que la nature a accumulées dans une longue succession de siècles. Notre vieille civilisation française, dans une marche de plusieurs siècles, a de son côté créé sur le sol de la Gaule des richesses matérielles, morales, intellectuelles et sociales. Eh bien, le contact de notre vieille civilisation et de ces civilisations dans l'enfance décuplerait le pouvoir, l'intensité, le développement des unes et des autres.

Sans doute, un peuple qui veut rester quand même une puissance continentale, qui y consacre et y concentre presque exclusivement toutes ses ressources, ses capitaux, son intelligence et son génie, sans doute ce peuple-là, à moins de défaillances irrémédiables et d'une décadence fatale, sera fort et puissant, il pourra avoir momentanément une influence prédominante et se couvrira de gloire sur le continent.

Mais quand ce peuple, comme le peuple français, a une notable partie de ses habitants échelonnés sur les vastes contours de ses mers et qu'il dédaigne et néglige les nombreuses populations de son périmètre maritime, je dis que ce peuple se suicide, qu'il commet un crime de lèse-nation en écartant et en rejetant une des plus grandes forces, une des plus grandes lumières, un des leviers les plus formidables de la grandeur de la patrie.

Je dis que ce peuple, s'il veut accomplir sa destinée, doit, sous peine de faiblesse et de déchéance, essaimer au dehors, y former des colonies, multiplier dans ses villes maritimes les ateliers de construction et faire voguer d'innombrables navires vers de nouvelles Frances d'au-delà des océans.

Car, ces nouvelles Frances lui rendront au centuple et avec une profusion de gratitude les bienfaits de sa civilisation ; elles fourniront des débouchés illimités aux produits de ses industries et de ses manufactures ; elles lui infuseront un sang nouveau, en lui assurant un vaste champ d'activité et d'expansion au dehors ; elles provoqueront un nouvel essor aux entreprises de son génie ; elles lui vaudront enfin cet empire qui rendit Rome victorieuse de Carthage et maîtresse de l'univers, — cet empire qui fit autrefois l'Espagne prépondérante en Europe, — qui chargea le

Portugal d'une gloire que chanta le poète épique des mers, des colonisations et des explorations, l'immortel Camoëns, — cet empire qui a fait l'Angleterre si riche et si puissante, — cet empire que convoite l'Allemagne, — et qui donnerait à la France plus de force, de vitalité et de grandeur que le petit coin de terre qu'elle s'est taillé si laborieusement en Europe sur le continent ;

*Cet empire, c'est l'empire des mers.* »

A deux ans de distance, je n'ai rien à retrancher de ces paroles.

### L'AFRIQUE, LE SOUDAN ET LA FRANCE.

N'est-il pas, en effet, d'économie politique élémentaire cet axiome, sanctionné par l'expérience des peuples, qui proclame que leur prospérité, leur crédit, leur ascendant sont en raison directe de l'étendue et de la richesse de leurs colonies ?

N'est-ce pas à ses colonies que l'Angleterre doit sa fortune et son influence dans le monde ?

Eh bien ! si la France veut hâter son relèvement, si elle veut reconquérir la prépondérance qu'elle a eue autrefois, il est incontestable qu'elle ne doit pas être seulement une nation continentale, mais encore une nation maritime, qu'elle « doit avoir un vaste champ d'activité et d'expansion au dehors, » qu'elle doit se reconstituer un immense empire colonial.

Ces possessions coloniales, ce n'est plus en Amérique, ce n'est plus en Asie ni en Australie qu'elle peut songer à se les tailler ; toute la place y est prise ; elle ne peut plus porter ses regards que du côté de l'Afrique, et en Afrique vers les pays neufs de l'Afrique centrale, qui est la plus riche contrée du globe.

Voilà cinq siècles que Christophe Colomb a découvert l'Amérique.

Depuis cinq siècles, l'Europe peuple, colonise, civilise l'Amérique.

Et l'Amérique, en retour, stimule, élève et développe les facultés et les ressources des vieux peuples de l'Europe, tout en les étonnant par la puissance de son expansion.

Aujourd'hui, l'Afrique entre en scène dans des conditions beaucoup plus avantageuses que l'Amérique, lors de sa découverte. Elle entre en scène à proximité de l'Europe et avec 300 millions d'habitants. Sa fourmillère humaine se réveille, et le calcul n'a pas la faculté d'apprécier de quelles couches profondes d'activité endormie on va secouer la torpeur, dans quel réservoir de ressources et de forces sans emploi on va puiser, ce que l'Afrique a de fortune à offrir, jusqu'où s'étendent les perspectives de son avenir.

Les découvertes, l'héroïsme des Livingstone, des Barth, des Stanley, des Caillé, des Rohlfs, des Nachtigal en Afrique vont évidemment produire la même révolution économique, industrielle et commerciale que le génie et l'héroïsme des Christophe Colomb, des Pizarre et des Cortez en Amérique.

L'Afrique va renouveler le spectacle qu'a offert et qu'offre encore l'Amérique.

Par l'Afrique, il va s'édifier d'aussi nombreuses et d'aussi colossales fortunes que par l'Amérique. Je puis même prétendre que jamais le capital, le travail et la science n'auront eu l'occasion de faire des fiançailles pareilles à celles qui vont s'y célébrer.

Voyez-la en effet, cette Afrique. Voyez le mouvement qu'elle occasionne. Elle commence à être assaillie par le commerce des peuples civilisés. L'Europe s'y avance à pas de géant. Voilà plusieurs siècles que l'Europe exploitait l'Inde, l'Asie, l'Amérique. Maintenant, c'est le tour de l'Afrique, de l'Afrique qu'elle avait oubliée et qui lui fait cependant vis-à-vis de l'autre côté de la Méditerranée, de l'Afrique dont l'exploitation contribuera davantage à élever le niveau de ses richesses matérielles, morales, sociales et intellectuelles que l'exploitation des autres continents. Il a fallu ces pléthores industrielles périodiques dont elle subit les désastreux effets pour lui dessiller les yeux. Elle a compris enfin qu'il lui manquait un nouveau continent pour y écouler les produits et les stocks dont regorgeaient ses docks et ses usines. L'intelligente Angleterre, qui possède aujourd'hui l'empire des mers, et dont les industries, les manufactures manquaient de débouchés malgré l'Inde, malgré l'Australie, malgré ses colonies d'Amérique, l'Angleterre a envoyé ses ingénieurs, ses explorateurs, ses vaisseaux partout en Afrique ; elle a sondé ses côtes, sondé ses Saharas, sondé ses lacs et l'intérieur du continent, sondé même son sous-sol et ses entrailles ; et, tout en l'auscultant, elle a établi des comptoirs, jeté les jalons rudimentaires d'un vaste et immense réseau de chemins de fer. C'est elle qui a ouvert la marche pour la civilisation de l'Afrique, et, sur ses pas, elle a entraîné l'Europe tout entière.

Je ne puis répéter ici tous les résultats qui ont été acquis jusqu'à ce jour en Afrique par l'Europe et les États-Unis ; — les cinquante à cent millions que l'Angleterre y a dépensés en explorations depuis le commencement du siècle ; — les explorations des Américains sur les côtes de Guinée, — les immigrations croissantes des noirs américains à Monrovia, les concessions de chémins de fer du Libéria, la prospérité croissante du Libéria qui est aussi important que l'Algérie et qui va avoir un service de quatre lignes de vapeur ; — les progrès incessants des Anglais sur les côtes de Guinée, de cette Guinée dont il y a vingt-cinq ans un seul navire côtoyait de temps à autre le littoral pour y déposer passagers, lettres et petites cargaisons, et qui est aujourd'hui parcourue par 40 vapeurs, — leurs progrès dans le bas Niger, où ils ont 15 stations et comptoirs, depuis l'embouchure jusqu'à Rabba, et même une ferme modèle à Lokodja, au confluent du Bénoué et du Niger, — l'extension de leurs chemins de fer sur les côtes de Guinée, — leur installation sur le cap Juby, au Sahara maritime, où ils vont organiser un service régulier de navires, — leurs traités avec les rois du haut Niger ; — les établissements européens du vieux Calabar et du Cameroon ; — ce que font Stanley et Comber sur le Congo et les Portugais dans l'Afrique méridionale ; — la marche heureuse de Savorgnan de Brazza sur l'Ogowé ; — les 11 chemins de fer qu'ont ou projettent les Anglais au Cap, à Natal, au Transwaal ; — ce qui se passe dans l'Afrique orientale du côté de Zanzibar et des grands lacs ; — l'ambition des Egyptiens et leurs infatigables efforts pour étendre de plus en plus leur domination dans l'Afrique oriento-centrale, etc.

En face d'un tel mouvement, d'une telle ardeur, je ne saurais trop redire qu'avant douze ans l'Afrique tout entière sera un débouché commercial comme l'Amérique, l'Inde, l'Australie, et que les peuples qui y arriveront trop tard verront la place prise par de plus diligents. Il n'y a donc pas de temps à perdre pour les Français, s'ils veulent avoir, comme autrefois, de grandes possessions coloniales. S'ils ne saisissent pas l'occasion actuelle, qu'ils sachent que c'est la dernière qui doit se présenter à eux, et qu'ils devront renoncer à en rencontrer une autre plus tard.

Le président de la République s'écriait dernièrement à Cherbourg que « la France n'était pas suffisamment dotée de matériel naval, qu'il lui en fallait un qui puisse lui assurer la puissance maritime que lui assignent sa position sur deux mers et sa place dans le monde ; que la France aime sa marine, comme elle aime son armée de terre ; qu'elle a besoin de l'une et de l'autre ; que toujours elle doit faire pour la première ce qu'elle fait pour la seconde, etc. »

Fort bien parlé assurément. Mais il y a sur ce point deux choses solidaires, la marine et les colonies. Sans colonies, pas de marine possible : ni marine marchande, ni marine militaire.

Eh bien ! encore une fois, il n'y a plus dans le monde qu'une seule colonie qui s'offre à la France. Et cette colonie, elle lui est contiguë. C'est le Soudan central. Comme je l'ai dit en d'autres temps, elle semble avoir été créée par la nature pour être, par destination, la colonie de la France.

Voilà l'empire colonial dont l'on doit faire présent à l'activité, aux travaux des Français, et spécialement des dignes populations de nos côtes, qui sont sur les deux mers les plus vivantes du globe ; — de ces popula·tions qui promenaient autrefois sur toutes les mers le pavillon vainqueur de notre patrie, et qui, aujourd'hui encore, pourraient faire autant pour son relèvement et sa prépondérance ; de ces populations maritimes qu'a si bien caractérisées à Cherbourg le président du Sénat quand il s'écriait :

« Ces populations aiment la France, la République et la mer.

« La France qui leur a donné le jour,

« La République qui leur a donné la liberté,

« La mer qui, leur donnant l'espace, sollicite leur génie et leur promet les richesses du monde ; »

De ces populations, dirai-je à mon tour, qui, si leurs aspirations et leurs destinées étaient favorisées, couvriraient des voiles de leurs vaisseaux toutes les mers et surtout les côtes occidentales de l'Afrique centrale ; qui planteraient notre drapeau au cœur de l'Afrique, comme autrefois au Canada et aux Indes ; qui renoveraient notre marine marchande et par elle notre marine militaire ; qui développeraient au plus haut degré notre commerce et nos industries ; qui feraient sortir de chez lui notre pays enserré dans ses frontières ; qui feraient autant que ses populations continentales pour la prospérité, la grandeur et la gloire de la France, et lui assigneraient les destinées qu'eurent autrefois parmi les nations Carthage, Rome, le Portugal et l'Espagne.

## LES RICHESSES DU SOUDAN.

Comment savons-nous que le Soudan central est un pays aussi riche que les Antilles, les Indes anglaises, les Indes hollandaises et les contrées les plus fertiles de l'Amérique ou de l'Asie ?

Nous le savons par ces trente et quelques explorateurs qui l'ont visité depuis le commencement du siècle. Nous avons lu leurs mémorables ouvrages, nous avons employé des conférences spéciales à relater les découvertes des Denham, des Clapperton, des Lander, des Allen, des

Olfield, des Overweg, des Vogel, des Richardson, des Baikie, des du Chaillu, des Girard, des Burchell, des Gérard Rholfs, des Nachtigal, des Lenz, des Albigos, des Genoyer, des Potagos, des Anscroft, des Comber, des Stanley, des Cameron, des Ballay, des Marche, des Marquis de Compiègne, des Savorgnan de Brazza, des Rutherfold, etc., etc.

Nous ne pouvons, dans cette brochure, indiquer toutes leurs découvertes de richesses. Nous nous contenterons d'en donner un court résumé. Denham, Clapperton nous ont fait connaître les grandes villes du Bornou (capitale Kouka), du Haoussa (capitale Kano) et leurs riches campagnes. Au dire de Clapperton, les campagnes qui entourent les principales villes du Haoussa ressemblent à celles des plus belles provinces de l'Angleterre. Barth a rencontré dans le Sokoto (capitale Sokoto) et l'Adamawa (capitale Yola) de grandes villes se succédant par intervalles de trois à quatre lieues, les espaces intermédiaires étant remplis de hameaux. Lander et Baikie, en naviguant sur le Niger et le Bénoué, ont vu leurs rives couvertes de riches plantations et parsemées de villes nombreuses et très peuplées. Nous avons compté les villes de 4 à 60,000 habitants qu'a rencontrées Clapperton sur son passage en allant de Lagos à Sokoto ; nous en avons compté plus de cinquante. En 1879, Anscroft a remonté le Bénoué et a fait les mêmes remarques que Baikie, ainsi que Comber en remontant le Cameroon. Ecoutez ces observations de Barth, qui a passé cinq ans au Soudan et a visité le pays depuis le lac Tchad jusqu'à l'extrémité du Baghirmi (capitale Massena), jusqu'au coude du Bénoué et jusqu'à Sokoto, Gando, Say et Tombouctou. « Après avoir traversé des déserts sans eau (le Sahara) et des pays complètement désolés (l'Aïr, capitale Aghadès), j'ai rencontré des terres fertiles, arrosées par de grandes rivières navigables, baignées par de grands lacs intérieurs, ombragées d'arbres magnifiques, produisant ou pouvant produire en quantités *illimitées* le riz, le sésame, les arachides, la canne à sucre, le coton, l'indigo, etc., etc. ». Ecoutez ces remarques de Cameron, qui a visité, il est vrai, des pays un peu au sud de l'Equateur : «...Les produits végétaux et minéraux de cette merveilleuse contrée égalent, par leur variété, leur valeur et leur quantité, ceux des pays les mieux favorisés du globe. »

Les richesses minérales, animales, végétales et forestières de l'Afrique centrale sont supérieures à celles de l'Amérique, de même que le nombre de ses populations qui, sur un quadrilatère de 400 millions d'hectares, se chiffrent à 120 millions d'habitants.

Le Chari, le Congo, le Bénoué et leurs affluents entraînent des quan-

tités d'or qui ont frappé l'esprit des Barth, des Denham, des Stanley
et des Vogel.

Les mines d'or du Bourré et de l'Ashanti sont plus riches que celles de
la Californie et de l'Australie.

Le Soudan possède en abondance du fer, de la houille, de l'argent et
tous les autres minéraux. Ses mines de cuivre sont très renommées.

Ses superbes forêts, qui enthousiasment leurs explorateurs, ont les
essences les plus rares et les plus précieuses, depuis l'ébène, l'arbre à
beurre, l'arbre à poivre, l'arbre à encens, l'arbre à soie végétale, le coton-
nier, jusqu'au cocotier, au palmier, au baobab, au bananier, à l'arbre à
pain, au cacaoyer et à l'arbre à café ou gouro, etc.

Ses richesses végétales ne le cèdent pas à celles de l'Amérique ; elles
les surpassent. Barth y a vu du sorgho y atteindre 28 pieds et du maïs
18 pieds de haut. Le Soudan est inépuisable en caoutchouc, en gutta-
percha, en café, en sucre, en indigo, en bois rouge, en huile de palme,
d'arachide et de sésame, en textiles, cire, ignames, manioc, froment, riz,
amandes de terre, etc. Il est apte à produire tous les fruits d'Europe et
d'Amérique qu'il n'a pas lui-même. Il possède de nombreux végétaux,
inconnus en Europe et en Amérique, et dont l'acclimatation y produira
une véritable révolution agricole.

Il y a sur ses côtes des îles de guano, et à l'intérieur il en renferme des
montagnes.

Les fermes y regorgent de chèvres, de moutons, de chevaux, d'ânes
et de bœufs, et les forêts et déserts d'antilopes, de gazelles, d'autruches,
de girafes et de buffles. Les hippopotames, pour employer les expressions
textuelles des voyageurs, *fourmillent* dans les cours d'eau, et les éléphants
*pullulent* sur les plateaux et dans les marais. Il y a probablement au
Soudan pour plus de cinq cent millions de francs d'ivoire. Lors du passage de Barth à Yola, une belle dent d'ivoire n'y valait que cinquante
centimes.

Voilà à vol d'oiseau quelles sont les richesses du Soudan. Ces paroles
éloquentes de Stanley compléteront parfaitement notre aperçu sommaire :

«... Nous avons (disent les noirs aux blancs), nous avons le copal,
l'ivoire, la noix de palme, des arbres et des épices, de la myrrhe et de la
gomme, nous avons de l'or, du cuivre, du plomb, du fer, du bois. Vous
avez besoin de charpentes pour vos bateaux, nous avons des forêts inter-
minables. Voulez-vous du cuivre ? Nous en avons trois montagnes
solides. Vous aimez ce métal qu'on appelle l'or ? Eh bien ! vous n'avez
qu'à vous baisser pour le ramasser dans nos rivières. De notre côté, nous

voulons couvrir notre nudité, nous voulons voir nos femmes heureuses ; nous voulons posséder ces mille objets de votre industrie. Mais nous ne pouvons nous rendre sur vos marchés ; portez-nous vos marchandises et prenez l'ivoire qui pourrit dans nos forêts, le café dont nous ne savons que faire, les parfums que nous n'avons pas appris à utiliser...»

## L'ISOLEMENT DU SOUDAN.

Pourquoi ce Soudan si riche n'a-t-il pas été conquis jusqu'à nos jours par la civilisation européenne ? C'est qu'au nord il est isolé de la Méditerranée et de l'Europe par 700 lieues, 2,800 kilomètres de Saharas ; c'est qu'à l'ouest le Niger n'est pas suffisamment navigable à son embouchure, et que les autres rivières qui débouchent dans l'Atlantique sont peu importantes et ne permettent pas aux vaisseaux de les remonter au-delà de quelques lieues.

## LE SOUDAN ET LES CHEMINS DE FER.

Mais aujourd'hui que c'est par les chemins de fer que l'on exploite les continents, il importe peu que les susdites rivières soient difficilement navigables. Le Soudan central n'offre aucune difficulté pour la construction de chemins de fer, et, grâce aux chemins de fer, les Européens seront bientôt implantés là, comme dans les autres parties du monde.

## LA TOPOGRAPHIE DU SOUDAN.

Qu'est-ce en définitive que le Soudan central et l'Afrique centrale ? C'est cette partie de l'Afrique qui est bornée au nord par le lac Tchad et le Grand Désert, à l'ouest par le Niger et les côtes de l'Atlantique, au sud par le Congo et à l'est par les montagnes d'où sortent les affluents principaux du Nil.

Elle est coupée en deux, de l'ouest à l'est, par une chaîne de montagnes peu élevées et aurifères. Du versant sud de ces montagnes descendent les affluents nord du Congo, et du versant nord coulent, d'une part les cours d'eau qui à l'est vont se jeter dans le lac Tchad, d'autre part ceux qui à l'ouest vont au Niger. C'est par une pente insensible que tous ces fleuves vont rejoindre respectivement le Congo d'un côté, et d'un autre côté le Tchad et le Niger. De sorte que le quadrilatère, que nous venons de désigner et qui est au milieu de l'Afrique, ressemble à une vaste Lombardie africaine, qui ne demandera pas de travaux d'art coûteux pour la construction de chemins de fer.

## LE CLIMAT DU SOUDAN.

Le climat de ces régions est le meilleur de toute l'Afrique. Il n'est pas autre que celui des établissements d'Amérique et d'Asie, qui sont situés sous le même parallèle. La température n'y est pas très élevée ; elle varie, d'après des observations thermométriques suivies, de 24 degrés à 28. La baie d'Ambas, au bas des monts Cameroon, est particulièrement renommée pour sa salubrité. Burton en 1862 déclarait que le mont Cameroon a sur sa face orientale un magnifique amphithéâtre qui constituerait un admirable emplacement pour un établissement de convalescents ou une colonie.

## LES POPULATIONS DU SOUDAN.

Les populations qui habitent le quadrilatère ne sont pas musulmanes. Elles sont païennes, sédentaires, agricoles, laborieuses, mènent une vie patriarcale ; elles sont hospitalières et font toujours le meilleur accueil aux explorateurs. Elles sont telles que celles du tiers de l'Afrique où Livingstone a fait pendant trente ans ses explorations au milieu de peuplades amies. Elles sont avides de commerce, de relations avec les Européens, et c'est sans difficultés, pour ainsi dire, qu'à l'extrême sud-ouest du quadrilatère, M. Savorgnan de Brazza a pu, pendant ces dernières années, conclure avec elles, au nom de la France, des traités d'alliance et faire flotter le drapeau tricolore depuis l'embouchure de l'Ogowé jusqu'au confluent de l'Alima et du Congo, bien que les populations de cette partie du quadrilatère n'eussent pas une réputation d'hospitalité aussi intacte que les peuples des autres régions.

## LE TRANSCONTINENTAL AFRICAIN.

Eh bien ! de même que l'on peut, à l'heure qu'il est, se mettre à établir des chemins de fer depuis l'Ogowé jusqu'au Congo, de même que les Anglais commenceront sous peu d'une part des chemins de fer pour relier les grands lacs de l'Afrique orientale, d'autre part des voies ferrées, de Lagos au Niger et au Bénoué, ainsi l'on peut en commencer au milieu même du quadrilatère et on peut le faire dans des conditions autrement avantageuses.

Le bon sens dit en effet que, pour pénétrer au sein de l'Afrique centrale et du Soudan central, qui est le seul objectif de la France en Afrique, c'est le milieu même de la place, c'est le milieu même du quadrilatère qu'il faut atteindre, en partant du point de la côte qui en est le plus rapproché.

Quel est ce point ? C'est l'embouchure du Cameroon, c'est l'une des embouchures des douzaines de petites rivières qui sont contiguës au fleuve Cameroon.

Quelle est la distance qui les sépare des sources du Faro (affluent du Bénoué) et du Bénoué (affluent du Niger), qui sont au milieu même du quadrilatère ? Il y a 60 lieues de l'embouchure du fleuve Cameroon à sa source, et 25 lieues entre cette source et celle du Faro, plus 65 lieues du Faro au Bénoué, en tout 145 lieues, soit 580 kilomètres. A la rigueur, on pourrait se contenter de construire la première étape, celle de 85 lieues, jusqu'aux sources du Faro. Car on sait que les chemins de fer exercent leur effet attractif autour d'eux jusqu'à 60 à 100 lieues, et que cette attraction se manifeste au moyen des transports locaux. Il conviendra pourtant de faire une seconde étape des sources du Faro à celles du Bénoué (65 lieues), puis de remonter le cours du Faro jusqu'au confluent du Faro et du Bénoué (100 lieues), et enfin de remonter le Bénoué jusqu'à son coude (75 lieues), ainsi qu'il est indiqué dans la carte jointe à ce travail.

Cette première série de travaux de 320 lieues (1280 kilomètres) suffirait pour exploiter dans une mesure relative presque tout le Soudan. Plus tard, il y aurait lieu d'entamer une deuxième série de travaux, qui prolongeraient les 1280 kilomètres de chemins de fer existants dans les directions du Niger, du lac Tchad, du bassin du Nil et du coude du Congo jusqu'à concurrence de 1,000 à 2,000 kilomètres.

## LE TRANS-CONTINENTAL AFRICAIN EST UN JEU.

Comme on le voit, la construction des chemins de fer au Soudan central n'est qu'un jeu auprès des travaux gigantesques qu'ont réalisés les Américains, les Anglais et les Russes, pour le *Trans-Continental Américain*, le *Trans-Caspien*, les chemins de fer des Indes, auprès d'entreprises telles que le canal de Suez, le canal de Panama et le tunnel sous-marin.

Vu le peu de longueur de ces chemins de fer, les études de la première étape (85 lieues, 340 kilomètres) pourraient avoir lieu en trois mois et la construction de son railway en une année.

## LA PLUS GRANDE ENTREPRISE DU SIÈCLE.

Et cependant, malgré le peu de difficultés que présente l'entreprise, elle est appelée à produire des résultats qui ne le céderont en rien à ceux des grandes entreprises ci-dessus dénommées. C'est avec raison que je terminais une conférence ainsi au Casino de Trouville en 1880 :

« . . . Oui, le Trans-Continental africain sera pour la France la plus grande entreprise du siècle. Ce sera une plus grande entreprise même que le Trans-Continental américain, que le canal de Suez et que le canal de Panama, que celle qui inaugurera la série des chemins de fer qui avant dix ans serpenteront dans l'Afrique entière.

Que le Trans-Continental américain : car si ce Trans-Continental unit, à travers les États-Unis, les régions baignées par les flots de l'Atlantique aux régions sur les côtes desquelles se brisent les vagues du Pacifique ;

Que le canal de Suez: car, si ce canal a abrégé les distances entre les pays qui sont sur la rive gauche et la rive droite de la Méditerranée et les pays ensoleillés qui constituent les riches empires de l'Orient ;

Que le canal de Panama : car, si ce canal rapprochera l'Europe des pays tels que la Californie, le Pérou, le Chili, auxquels aujourd'hui on ne peut parvenir qu'en doublant le cap Horn,

Le Trans-Continental africain, lui, donnera à l'Europe et à la France, il leur donnera, à quelques heures de distance, à exploiter ces incommensurables territoires qui, du $37^e$ degré de latitude nord au $35^e$ degré de latitude sud, attendent eux aussi, depuis des siècles, la pioche des Européens, et sollicitent l'industrie, le génie des pionniers de la civilisation ;

Il donnera à la France, à ses portes, des possessions coloniales dix fois vastes comme les Indes, des possessions qui la dédommageront amplement de la perte de celles qu'elle dut autrefois à l'immortel Dupleix. Il lui donnera une nouvelle Amérique, une grande partie de tout un énorme continent, et cet empire colonial, c'est à juste titre qu'il y a deux ans je l'appelais... ; cet empire, c'est celui des Indes africaines. »

## CHEMIN DE FER A CONSTRUCTION RAPIDE ET ÉCONOMIQUE.

Mais comment et à quel prix construire le chemin de fer de 85 lieues qu'il importe de faire jusqu'aux sources du Faro, comme première étape? Il ne s'agit pas de faire une voie ferrée au prix de 500,000 francs le kilomètre comme au bon temps de 1845 à 1855, ni même au prix de 200 ou 100 mille francs. Nous disons qu'une voie ferrée à 10 ou 12,000 mille francs le kilomètre, soit de 4 millions pour 90 lieues, suffirait parfaitement bien au début, en tant que sondage de civilisation dans un pays neuf, tel que le Soudan. Quelques lignes sont nécessaires sur ce sujet capital.

Depuis 48 ans, il existe dans le pays de Galles, sur une longueur de 100 kilomètres, une ligne à voie de 0 m. 60 c., établie d'après les anciens errements, et qui suffit pour porter des locomotives du poids de 20 tonnes et atteindre une vitesse de 50 kilomètres à l'heure sur des rails pesant 24 kilos le mètre.

Aujourd'hui, avec le système Decauville, on livre cette même voie toute faite, formant une seule pièce avec ses traverses et ses éclisses et toute prête à poser par le premier ouvrier venu ; on livre aussi les wagons et les locomotives appropriés à ce service.

Les chemins de fer du pays de Galles ont prouvé que les voies à 0 m. 60 c. peuvent suffire pour un très gros trafic. Le chemin de fer Decauville prouve que ces mêmes voies peuvent se poser instantanément.

Les lignes à voie étroite présentent une très grande économie sur celles à voie normale de 1 m. 45 c. d'abord dans la construction, en permettant de contourner très facilement les terrains les plus accidentés, — ensuite dans l'exploitation par la réduction du poids mort remorqué, comparé au poids payant.

L'un des chemins de fer du pays de Galles, le Festiniog, donne en certaines années 30,000 fr. de recette brute par kilomètre, et 14,000 fr. net, résultats que ne donnent pas toutes les lignes à voie de 1 m. 45. — La proportion de dépense entre les lignes à voie étroite et à voie normale est comme 10 est à 100. Avec le même capital on peut donc faire 100 kilomètres de voie à 0 m. 60, au lieu de 10 kilomètres de voie de 1 m. 45. — Les 22 kilomètres du Festiniog sont presque constamment en courbe. Le plus petit rayon des courbes est de 35 mètres sur des longueurs de 25 à 50 mètres ; d'autres ont 45, 50, 60 mètres. On y voit des trains d'ardoise ayant jusqu'à 300 mètres de long et qui se trouvent quelquefois en même temps sur trois courbes en sens différents. — Cette petite ligne du Festiniog se développe sur le flanc de montagnes escarpées et lèche le terrain presque sans terrassements. Elle court à fleur de sol, à travers un pays bouleversé où un chemin de fer ordinaire ne trouverait sa place qu'au prix de travaux gigantesques. — Les rails en 1832 y pesaient 6 kilos le mètre. Il y a une seule voie, et, aux cinq stations intermédiaires, des voies d'évitement de 200 mètres de long. Les billets y sont donnés par le mécanicien. Les stations sont tout simplement un petit hangar qui forme auvent et garni de bancs. — Les wagons sont de grandes voitures montées sur bogies aux extrémités, comme les wagons américains, et contenant cinquante voyageurs. Mais, au lieu d'avoir une entrée à chaque extrémité et un couloir central, ces voitures ont 7 compartiments séparés. Les roues des wagons ont 0 m. 45 en acier. Les voyageurs sont confortablement assis et même mieux que dans des lignes secondaires à voie normale. — Les wagons pèsent 6000 kilos pour 50 voyageurs ; c'est donc 100 à 120 kilos de poids mort par voyageur, tandis que sur les grands chemins de fer le poids mort varie de 250 à 150 kilos par voyageur, suivant qu'il s'agit de 1re 2e ou 3e classe. On peut sans crainte dans les chemins de fer Decauville n'avoir que 80 à 100 kilos de poids mort. — Quant aux wagons à marchandises, leur nombre est si considérable qu'il est de 50 wagons par kilomètre, alors que les chemins de fer anglais n'en ont que 15 et les français 8. La proportion du poids mort est de 300 kilos seulement par tonne, tandis qu'elle est dans les grands chemins de fer de 6 à 800 kilos. — Les premières locomotives à quatre roues couplées pesaient 7 tonnes. De nouvelles machines pesant 10 tonnes furent adjointes en 1868. Le Festiniog emploie en outre depuis 1869 une machine articulée à 8 roues, système Fairlie, avec laquelle on fait des trains plus lourds et on atteint 50 kilomètres à l'heure. Elle pèse 22 tonnes et a coûté 50,000 francs. On a dû adopter des rails de 24 kilos, en raison du poids de la machine.

M. Decauville, — dont les petits chemins de fer portatifs sont entre parenthèse usités dans le monde entier pour l'agriculture, les forts, les travaux publics, les exploitations de forêts, de cannes à sucre, de mines de diamants, etc., — construit la voie de 0 m. 60 c., avec des rails en fer ou en acier de 7, 12, 18 et 24 kilos le mètre, tout prêts à poser. Il estime que, pour une première installation dans les pays neufs, des rails de 7 kilos sont suffisants, parce que c'est le moyen le plus économique et qu'il permet d'établir, à raison de 7,500 fr. le kilomètre, une voie où la traction s'opère, soit avec des mules soit avec de petites locomotives. Lorsque cette voie a développé la richesse du pays, on la remplace successivement par celle en rails de 12, 18 et 24 kilos, par des voies plus fortes. On a alors l'emploi de la voie démontée pour créer de nouvelles lignes, qui sont les lignes secondaires de ce réseau économique.

Ce chemin de fer a été du reste employé par les Russes pour leur Trans-Caspien, par l'armée française à Sousse. Il a été adopté par l'artillerie, le génie, les ponts et chaussées, les gouvernements anglais, russe, hollandais et belge.

## LES FRANÇAIS, LES ANGLAIS ET LES ÉGYPTIENS AU SOUDAN.

Je tiens à répéter dans cette brochure ce que j'ai dit dans les précédentes, à savoir que la France n'a qu'à se hâter si elle ne veut pas que le Soudan central soit exploité d'ici peu à sa barbe par d'autres puissances. L'Angleterre songe à y pénétrer à l'heure actuelle par deux voies : 1° par les côtes de l'Afrique orientale, par les grands-lacs ; 2° par les côtes de l'Afrique occidentale, par Lagos et Rabba. L'Angleterre n'est pas la seule puissance à avoir ce grand projet.

Les Egyptiens ont aussi, eux, la prétention d'arriver au milieu du Soudan central. Qu'on considère en effet que l'Afrique centrale est aisément accessible par le Nil : 1° au moyen de cet affluent du Congo, l'Ouellé, qui a sa source dans les mêmes montagnes que les affluents occidentaux du lac Albert ; 2° au moyen du Bar-el-Ghazal, affluent navigable du Nil, dont Gessi a récemment constaté la navigabilité, et dont les sources sont contiguës à des rivières qui se perdent dans le lac Tchad. Dans les conditions actuelles, le Nil est dans l'Afrique *orientale* la route la plus aisée, la route physiologique de l'Afrique centrale. Gordon-Pacha a de plus développé la navigabilité du Nil ; il l'a désobstrué de ses ambatchs, il a frayé ainsi une route admirable qui mène droit et sûr au cœur de l'Afrique. Le colonel Mason vient de faire la circumnavigation du lac Albert, de déterminer scientifiquement et rigoureusement ses limites, et les vapeurs égyptiens le sillonnent déjà dans tous les sens. Ces vapeurs mettent dix jours pour aller de Khartoum à Lado. Mais, un peu plus loin, la navigation est interrompue entre Moogie et Duffli durant une longueur de 25 à 30 heures de marche seulement, et on est obligé de démonter le bateau. Ce seul obstacle franchi, la navigation n'est plus interrompue de Duffli au lac Albert et ne demande que deux jours. En un mot, on peut aujourd'hui aller de Khartoum au lac Albert en moins de VINGT jours. Les Egyptiens ont établi plus de vingt postes jusqu'au-delà du lac Albert, jusqu'au lac Ibrahim, à l'effet de protéger les expéditions scientifiques et commerciales. Des postes militaires semblables protègeront bientôt des routes reliant le bassin du Nil au bassin du Congo. Ainsi se trouveront reliés par une artère admirable la mer Méditerranée et l'Océan Atlantique.

Sur un autre point du cours du Nil, l'ingénieur Massedaglia a commencé une route allant de Dongola aux frontières du Wadaï.

C'est donc certain, l'Egypte, — qui, entre parenthèse, sera peut-être

un jour à l'Angleterre, — l'Egypte veut devenir, comme le disait justement l'explorateur Dutrieux, le pivot du mouvement africain et faire du
bassin du Nil une artère immense pour les grandes entreprises commerciales. On commence même à adopter la route du Nil, préférablement
à celle de Zanzibar, pour pénétrer dans l'Afrique orientale.

On le voit, tandis que les Anglais et les Américains sont en avance sur
les Français du côté du Soudan maritime, les Egyptiens le sont du côté
du Soudan oriental et central. Tandis que les bureaux de France lui font
perdre des années et des millions au Sahara à propos du Trans-saharien
et dans l'intérêt seul du fonctionnarisme, les Anglais, les Américains, les
Egyptiens entament toutes les côtes de l'Afrique et marchent de plus en
plus dans l'intérieur.

## L'INITIATIVE PRIVÉE ET LE FONCTIONNARISME.

Les Français n'ont donc qu'à se hâter, s'ils tiennent à ce que le Soudan
central ne leur échappe pas, comme leur ont échappé, par la faute du
fonctionnarisme, l'Inde, la Louisiane, le Canada.

Mais c'est à l'initiative privée seule qu'il appartient, par la constitution
d'une association puissante, de conquérir à la France l'Afrique centrale,
d'en faire la conquête pacifique et intelligente en dehors de l'immixtion
fatale du fonctionnarisme. C'est à elle seule que peut être dévolu ce rôle,
parce que c'est elle seule qui en est capable et digne, de même que c'est
elle seule qui en a eu, répandu et vulgarisé l'idée.

Voilà pourquoi je ne me suis pas contenté d'écrire et de parler. J'ai
déjà payé de ma propre personne depuis quatre ans par des brochures,
des articles dans la presse, trente-trois conférences dans les départements
et à Paris. Eh bien ! aujourd'hui je fonde à mes frais une Compagnie et
je l'appelle jusqu'à nouvel ordre la *Compagnie du Soudan*. Je fournis à
la fin de ce travail toutes les explications nécessaires sur la Compagnie,
et en attendant sa constitution complète qui est proche, je l'espère, je
m'attelle plus vigoureusement que jamais à la tâche que j'ai entreprise. J'y
mettrai la ténacité de de Lesseps pour son Suez et son Panama. Je n'ignore
pas que tous ceux qui ont eu en tête des idées de ce genre, ont eu des
déceptions amères à surmonter, des adversités cruelles à subir ; ils ont
été persécutés ; ils ont tout souffert, tout. Mais leurs luttes, leurs souffrances
ont légué à l'histoire et à la science cet enseignement que, quand on ne se
laisse aller ni au doute, ni au découragement, qu'on a foi, croyance,
enthousiasme et volonté d'énergie, on finit tôt ou tard par arriver au but

de ses peines et de ses efforts. Tant est vraie cette parole de Napoléon I<sup>er</sup>, expert en la matière : « Les moyens manquent moins à l'homme que la persévérance et la volonté d'accomplir. »

## LES DESTINÉES DES INVENTEURS.

Je terminerai cette brochure en mettant sous les yeux du public la seconde partie de la 33<sup>e</sup> conférence que j'ai faite, à la fin d'octobre dernier, à la salle du boulevard des Capucines.

Ce discours constitue un exposé succinct de la question, et c'est à ce titre que j'ai le soin de le livrer à la publicité :

Toutes les fois que les circonstances, qu'une érection de monument, qu'une inauguration de statue, que des fêtes publiques imposent à la France le souvenir d'un de ses illustres inventeurs, des Papin, des Jouffroy, des Sauvage et cent autres victimes de leur amour de la science, — la presse tout entière se complaît à rappeler les déboires, la misère, les souffrances, les persécutions, le martyre que leur firent endurer leurs contemporains.

Tout récemment encore, c'est de l'infortuné Sauvage qu'il s'agissait.

« ... L'hélice inventée, disait-on de toutes parts, Sauvage fit à ses frais ses expériences. Elles réussirent, mais il s'y ruina. — Il demanda des secours au gouvernement qui refusa. — En vertu de la loi de la contrainte par corps, il fut mis en prison pour dettes. — Pendant sa prison, on lui vola son idée, on le dépouilla de son brevet. Il s'adressa à la justice. Justice lui fut refusée. Il en devint fou. On l'avait tué.

Quarante ans plus tard, en 1881, on lui élève une statue.

La lugubre histoire de Sauvage a été celle de presque tous les inventeurs.

De si amères destinées seraient faites pour dégoûter à jamais de l'étude les chercheurs intrépides et pour engager quiconque a la main pleine de nouveautés à tenir cette main fermée obstinément, s'il n'y avait dans l'âme des grands trouveurs une foi supérieure, un amour de la science pour la science, qui les soutient, les réconforte, leur inspire les plus douloureux sacrifices, l'indomptable énergie de souffrir, de lutter, de travailler et d'accomplir leur œuvre dans l'obscurité et souvent dans la misère et l'ignominie.

Le martyrologe du génie est maintenant assez long pour qu'ils ne se fassent plus d'illusions sur le sort qui leur est réservé... »

## LE TRANS-CONTINENTAL AFRICAIN ET SON PROMOTEUR.

Je ne me prétends pas un homme de génie. Mais enfin voilà quatre ans que je suis sur la brèche, que je lutte et me dévoue dans le but de réaliser une des plus belles entreprises de ce siècle, une entreprise éminemment nationale et française, de doter la France à ses portes d'un nouvel empire des Indes, qui assurerait des débouchés illimités aux produits de ses manufactures et qui par cela même ferait atteindre le plus haut degré de prospérité à son commerce, à ses classes ouvrières, à son agriculture, à sa marine, à sa puissance financière et industrielle.

Voilà quatre ans déjà que mes amis sont témoins de tout ce que chaque pas fait en avant, chaque étape franchie m'a coûté de labeurs, de renoncements, de sacrifices, de démarches multiples, d'indifférence, de soucis, d'envies, de calomnies, de noirceurs, de trahisons, de vexations et de persécutions.

Aujourd'hui, je le sens, je le vois, ma cause est gagnée. D'ici à quelques années, le Soudan CENTRAL tout entier sera ouvert à la civilisation européenne. Cette nouvelle Amérique, ces nouvelles Indes seront sillonnées de voies ferrées. Mais je me demande avec anxiété si c'est pour mon pays ou pour l'étranger que je me serai sacrifié, je me demande si c'est à moi-même que mes compatriotes reconnaissants feront l'honneur de confier la mise à exécution de l'œuvre, de l'entreprise dont je suis le promoteur.

### UNE PAGE D'HISTOIRE.

Quels furent mes débuts il y a quatre ans ? Par mes brochures et mes conférences, par mon action sur la presse, dans les Congrès et les Sociétés savantes, j'attirai les regards de la France sur l'Afrique centrale. Je déterminai dans les esprits un mouvement qui est en ce moment général. Je conquis l'opinion publique à l'idée de *pénétrer dans les opulentes* contrées du Soudan central et d'y fonder, à notre proximité, des possessions coloniales qui remplaceraient avantageusement l'empire des Indes dont au siècle dernier notre patrie avait été redevable au génie de Dupleix.

Je proposais ALORS d'y arriver en partant d'Algérie et en traversant les plaines du Sahara au moyen d'un chemin de fer, au moyen du Trans-Saharien. Cette idée finit par être universellement acceptée. Mais le projet ne pouvait être effectué que par l'initiative privée. Je déclarai avec insistance que, si le fonctionnarisme venait à intervenir dans la question du Trans-Saharien, cette ingérence serait la source d'effroyables calamités.

Je signalai les haineuses pratiques des Italiens à Tunis et au Sahara ; — les anciens traités conclus par les Anglais avec le cheik de Tombouctou, les sultans de l'Aïr, du Bornou et du Sokoto, — leur influence prépondérante au Maroc et relative quant à Tunis et Tripoli, — le monopole qu'ils ont actuellement du commerce avec le Soudan et qu'ils exercent au moyen d'indigènes du Sahara, leurs amis, — la dépendance dans laquelle les villes du Sahara et les Touaregs sont vis-à-vis de la Turquie, l'alliée de l'Angleterre. Je signalai surtout, avec de nombreux faits à l'appui, la vieille inimitié, toute l'aversion implacable des populations des Saharas méridional, central et septentrional contre l'attitude provocante et les prétentions envahissantes du fonctionnarisme français.

Vains efforts. Le gouvernement actuel se laissa, lui aussi, circonvenir par l'ennemi séculaire de notre pays, par les bureaux, le fonctionnarisme. La première expédition Flatters eut les résultats que j'avais prévus. Elle suscita les reproches les plus amers, les protestations les plus énergiques de la part des hommes les plus autorisés. Je déclarai, quant à moi, hardiment qu'une seconde expédition Flatters serait un crime, qu'elle serait décimée, exterminée, qu'elle serait le prodrome d'insurrections, d'engloutissements de vies d'hommes et de centaines de millions. Je déclarai que « le Sahara tout entier devait être déjà en éveil et sur pied » depuis le Sahara algérien jusqu'à Tombouctou. Mais telle est en France la puissance du fonctionnarisme, des bureaux, que le gouvernement se laissa circonvenir à nouveau.

Quelques mois plus tard, la France stupéfaite apprenait l'extermination de la seconde expédition Flatters au sud du Sahara. Peu après, les Kroumirs massacraient des Français dans l'est du Sahara, et la France était engagée dans l'expédition de Tunisie. Dans la province de Constantine, l'insurrection n'était prévenue que par l'arrestation d'un grand nombre de caïds. Dans la province d'Oran, Bou-Amena se distinguait par ses faits d'armes, la question marocaine apparaissait, et la France n'est pas encore au bout des calamités qu'a déchaînées sur elle l'intrusion néfaste de son fonctionnarisme dans la grandiose entreprise du Trans-Saharien, que je déclare aujourd'hui compromise et perdue pour de longues années.

## L'ENFANTEMENT DU TRANSCONTINENTAL AFRICAIN.

Tous ces évènements auront été, en définitive, très utiles au but que je poursuis. Loin de me décourager, ils ont, au fur et à mesure qu'ils se déroulaient, décuplé ma force de volonté et de travail. A force de tourner et de retourner la question de pénétrer le plus rapidement et le plus économiquement possible dans l'Afrique équatoriale, il a fini par me survenir une idée si heureuse et si simple que je suis tout surpris de ne l'avoir pas eue avant celle du Trans-Saharien. Cette idée, c'est de s'implanter au Soudan avec une facilité surprenante, en laissant de côté les immenses solitudes du Sahara et ses populations musulmanes plus aigries que jamais contre le nom français.

### LE TRANS-CONTINENTAL AFRICAIN.

Au lieu de traverser 700 lieues de Sahara pour arriver au Soudan central, je propose aujourd'hui d'y entrer de plain-pied par le point du littoral de l'Atlantique, qui est en face le milieu même de l'Afrique centrale et n'en est qu'à quelques douzaines de lieues. Etant donné ce point de départ, je propose de couper en quatre le quadrilatère de 300 lieues carrées qui constitue le Soudan central, de le couper en quatre au moyen de chemins de fer qui n'auraient que 2 à 3,000 kilomètres d'étendue. Ainsi, alors que par le Trans-Saharien il aurait fallu établir près de 3000 kilomètres de voies ferrées sahariennes avant d'être au Soudan central, avec mon idée nouvelle je simplifie heureusement cette difficulté ; je supprime ces 3000 kilomètres, j'abandonne le Sahara, j'attaque le Soudan par les flancs, je l'attaque par son littoral, et avec 2 à 3,000 kilomètres seulement je le sillonne de voies ferrées.

J'arrive à ce résultat inespéré en commençant le Trans-Continental africain, non plus par sa première tête de ligne, la Méditerranée, mais par la seconde, l'Océan Atlantique, sauf à terminer plus tard le Trans-Continental à travers le Sahara jusqu'à la Méditerranée, quand le moment sera redevenu opportun, et, si on le juge utile, à lui redonner alors son nom primitif de Trans-Saharien.

Le milieu, le centre même de l'Afrique équatoriale n'est en définitive distant que de 80 à 100 lieues du point de la côte de l'Atlantique qui en est le plus rapproché. On peut l'atteindre en une demi-journée au moyen d'un chemin de fer qui, pour y arriver, traverserait un pays peuplé, salubre, très hospitalier, bien cultivé, industriel et commerçant. Arrivé à ce point médial et campé à moitié chemin entre les populeuses régions du Tchad et les populeux empires du coude du Congo, on donnerait à cette amorce de 340 à 380 kilomètres son complément naturel en bifurquant par d'autres tronçons de voies ferrées vers le coude du Congo, le bassin du Nil, le lac Tchad et le Niger, que la nature a admirablement groupés dans cette espèce de Lombardie africaine que l'on appelle le Soudan central et l'Afrique équatoriale.

Et qu'est-ce, je le demande, que 2 à 3,000 kilomètres de chemins de fer dans le cœur de l'Afrique, le pays le plus riche du monde entier, quand on considère qu'au bout, tout au bout de l'Afrique, au Cap, les Anglais en ont déjà plus de 2000 kilomètres, — que bien plus loin encore, aux Indes, ils en ont au moins 20,000 kilomètres, — et enfin que l'ancienne colonie anglo-américaine, les Etats-Unis, en possède 160,000 ?

C'est par la rapidité de la marche de leurs armées que les grands capitaines gagnent les batailles. De même, c'est par la rapidité de l'exécution des susdits kilomètres de chemins de fer qu'il faut conquérir pacifiquement les Indes africaines à la civilisation européenne. On peut construire en moins de trois ans ces 2 à 3,000 kilomètres en se servant des chemins de fer qu'emploient les Russes pour le Trans-Caspien, chemins de fer qui sont tout faits en acier avec leurs traverses et leurs éclisses, qui sont portatifs et à pose instantanée et dont les ateliers de construction sont autour de Paris et dans Paris même. C'est de ces chemins de fer que l'on parle pour réunir le haut Ogowé avec l'Alima, affluent du Congo, où Savorgnan de Brazza, un peu plus bas que la région indiquée par nous, vient d'établir des stations. Ils sont à voie étroite et d'une économie aussi surprenante que la rapidité de leur pose.

### COMMENT RÉALISER LE PROJET ?

Mais comment réaliser le projet ? Il s'agit tout simplement de procéder comme M. de Lesseps pour le Panama. Il s'agit d'envoyer sur la partie du littoral de l'Atlantique déjà étudiée par le promoteur, une expédition d'études qui fera des traités avec les chefs de tribus, reconnaîtra les richesses du pays mathématiquement, et déterminera le tracé du chemin de fer sur une longueur de 350 à 380 kilomètres jusqu'au point médial dont il a été parlé ci-dessus et où se trouvent les principales richesses minérales, végétales et animales de l'Afrique équatoriale. L'expédition sera organisée dans les conditions proposées par le promoteur dans son devis. Elle établira des comptoirs et des factoreries sur le littoral et emportera des marchandises dont l'échange contre celles du pays remboursera les frais de l'expédition et rémunérera les capitaux engagés dans une mesure qui révélera l'habileté des chefs choisis.

Au retour de l'expédition d'études, la Société d'étude des porteurs de parts fondera une grande compagnie au capital de plusieurs millions, telle que les Compagnies de Suez et de Panama. Cette compagnie sera une nouvelle compagnie des Indes. Non seulement elle établira les 2 à 3,000 kilomètres de chemins de fer projetés, mais encore elle se livrera à l'exploitation des richesses en guano, minérales, végétales et animales.

## LES AVANTAGES DE L'ENTREPRISE.

Comme on le voit, les fondateurs, les porteurs de parts de la Société d'études seront remboursés, et au delà, de leurs souscriptions, par les opérations commerciales de l'expédition d'études. Mais, de plus et surtout, ces parts leur donneront des droits et avantages ÉNORMES qui sont consignés dans les projets de statuts qui seront soumis à la sanction de l'assemblée plénière des fondateurs. Elles devront sans peine atteindre successivement la valeur des parts de Panama (70,000 fr.), du tunnel sous-marin (120,000 francs), de Suez (1,050,000 francs). Il ne faut pas perdre de vue en effet que les 2 à 3,000 kilomètres primordiaux du Soudan central devront s'irradier d'année en année. Par leur situation privilégiée au milieu même de l'Afrique et aux sources des quatre grands fleuves qui alimentent les grands bassins africains, ils seront le point convergent nécessaire et inéluctable des autres chemins de fer africains ; ils seront leur artère principale. Telle est leur destinée, qu'indique la simple vue d'une carte élémentaire d'Afrique. Ils constitueront ainsi, comme on l'a dit justement, en même temps qu'une entreprise de réalisation facile, « LA PLUS GRANDE ENTREPRISE DU SIÈCLE » quant aux résultats à en advenir.

## AUTRES DÉTAILS.

Le Soudan central a été exploré par une trentaine de voyageurs, envoyés pour la plupart par les Anglais qui depuis un siècle y ont dépensé en explorations plus de cinquante millions. C'est grâce à ces découvertes que j'ai pu établir ma carte de cette région, avec son hydrographie, son orographie, ses villes et surtout toutes les productions incalculables en or, ivoire, etc., qui distinguent chaque contrée. Cette carte, dont j'ai un exemplaire unique et que je me garde bien de livrer à la publicité, permet de saisir en cinq minutes toute l'économie de la question que je viens de résumer en quelques mots. Elle donne cette conviction que, si le pays n'est pas suffisamment étudié pour se livrer de suite à la construction de chemins de fer, il l'est assurément assez pour y envoyer des expéditions d'études.

Tout le littoral du Soudan central est baigné par les eaux du golfe de Biafra. Ce golfe n'offre point de dangers pour la navigation. La température y est médiocrement élevée. Son littoral est parsemé de villages. Les rivières ne sont pas suffisamment étendues ni navigables pour exploiter les richesses du Soudan central au moyen de navires. C'est précisément pour cela que le Soudan, si riche et si convoité, a été délaissé jusqu'ici par les Européens, isolé qu'il était de l'Europe et par 700 lieues de Sahara d'une part, et d'autre part par une absence presque complète de navigabilité des rivières pour pénétrer dans la profondeur des terres.

Mais les côtes du golfe de Biafra se prêtent efficacement, d'après les volumineuses *Institutions nautiques* publiées par le Ministère de la marine, comme base d'établissement de voies ferrées. Par elles on pénètre de plain-pied dans le Sahara central. Les quatre principaux points du golfe pour déboucher dans l'intérieur sont : le fleuve Cameroon, la baie de Panavia, la rivière Campo et l'estuaire du Gabon. Le mont Cameroon, sa baie d'Ambas et la rive gauche de la rivière Cameroon sont tout particulièrement renommés pour leur salubrité. Le cours du Cameroon conduit directement au milieu du Soudan central, aux sources du Faro et du Bénoué, dont les richesses sont reconnues supérieures à toutes autres du Soudan : 80 à 85 lieues séparent l'embouchure du Cameroon du Faro. Depuis mes travaux sur ces pays, j'ai eu l'occasion de voir quelques-uns de leurs explorateurs qui m'ont confirmé tout ce que j'avais avancé sur leur salubrité, leur climat, leurs chefs de tribus, leurs populations, leur commerce et l'impossibilité de s'avancer ailleurs que par là dans l'intérieur de l'Afrique. C'est ce qu'ont reconnu spécialement l'évêque du Congo, le P. Duparquet, qui s'est avancé à 25 lieues au-delà de l'embouchure du Cameroon, et la Société allemande pour l'exploration de l'Afrique équatoriale. Les expéditions de Savorgnan de Brazza en sont une nouvelle et irréfragable démonstration pratique.

Pour assurer la réussite finale, il conviendra d'envoyer, en même temps que l'expédition principale, deux expéditions secondaires, l'une sur la côte intermédiaire entre le Cameroon et le Gabon, et l'autre au Gabon. Celle du Gabon sera sous la protection immédiate du drapeau français, et son succès entraînera pour la Compagnie des avantages inappréciables, qui seront inévitablement concédés par le gouvernement français.

J'ai rédigé quatre documents, qui sont ma propriété particulière et que la prudence la plus élémentaire me commande jusqu'à nouvel ordre de ne pas livrer à la publicité.

L'un est une vaste carte inédite du Soudan central, qui n'existe qu'en un seul exemplaire. Elle a été dessinée d'après mes recherches, études et renseignements personnels. Les montagnes, rivières, villes, villages, et toutes les productions (or, guano, cuivre, ivoire, richesses végétales, animales et minérales) des divers pays sont indiqués en teintes, en couleurs spéciales. Cette carte constitue à elle seule un résumé de tout ce qu'ont relaté les explorateurs du Soudan central.

Le second document décrit le climat, le sol, les mœurs, les productions du pays que l'expédition principale aura à parcourir le long de la rive gauche du Cameroon pour arriver aux sources du Faro.

Le troisième document donne des détails complets sur les côtes du golfe de Biafra.

Le quatrième est le devis des trois expéditions d'étude à envoyer au Soudan.

Je suis parvenu en outre à former un comité d'initiative, actuellement composé de cent sénateurs, députés, membres de la Chambre de commerce, explorateurs, géographes, amiraux, ambassadeurs, ingénieurs, généraux, ingénieurs en chef des ponts et chaussées, agronomes, membres de l'Institut, présidents de Chambres syndicales, qui ont été choisis parmi les illustrations de la France.

Il ne nous reste plus, pour partir au Soudan, que deux choses à obtenir :

1° Une mission scientifique du gouvernement français, qui sera un puissant appui moral.

2° La souscription des fonds inscrits dans notre devis pour les expéditions d'études.

Nous comptons sur la mission scientifique à obtenir du gouvernement. Car nous ne lui demandons aucune aide pécuniaire, et notre mission scientifique n'engagerait en quoi que ce soit la responsabilité de la France, soit dans le présent, soit dans l'avenir.

Nous comptons sur la réussite de la souscription, qui ne sera pas publique. Nous comptons sur tout le concours des notabilités du commerce, de l'industrie et de la finance, des forts capitalistes et des grands propriétaires. Ils ne failliront pas en cette circonstance à leur noble rôle d'initiateurs dans une entreprise nationale dont le succès doublerait en peu d'années la puissance commerciale, industrielle, maritime, financière, morale et politique de la France.

## LES INDES AFRICAINES, L'ANGLETERRE ET LA FRANCE.

Quelle honte pour la France! quelle honte pour la République! s'il pouvait se faire que l'histoire dît un jour :

« La France au XVIIIᵉ siècle s'était laissé dépouiller par les Anglais de l'empire des Indes que lui avaient gagné la valeur, le patriotisme et les labeurs de Dupleix.

« Un siècle après, un autre homme se leva qui ambitionna pour elle à ses portes un nouvel empire des Indes, le Soudan central. Assisté d'un comité d'initiative recruté parmi les illustrations du pays, il s'adressa en 1882 au gouvernement de la République; il ne lui demanda aucun homme, aucun concours pécuniaire, il ne lui réclama qu'une mission scientifique. Mais les ministres de ce gouvernement n'étaient pas hommes à comprendre la grandeur d'un tel projet. Ils déclinèrent l'octroi de cette mission.

« Le promoteur de l'entreprise s'adressa aussi pour les capitaux à tous ceux qui avaient un nom illustre dans le commerce, l'industrie, la finance. Peine perdue. Toutes ses démarches furent stériles.

« Deux ans plus tard, les Anglais s'emparaient de l'idée du promoteur français; ils s'implantaient au Soudan central, au cœur de l'Afrique. Ils reliaient au Soudan toutes les côtes de ce continent, où ils s'étaient établis successivement depuis un siècle. Ils faisaient ainsi de l'Afrique entière un empire colonial cinq fois plus vaste que les Indes, aussi riche que les Indes. C'est grâce à ces Indes africaines que l'Angleterre étonne aujourd'hui le monde par ses incomparables richesses, et qu'elle est arrivée à l'apogée de la prospérité, de la grandeur et de la gloire. »

1773. — Paris. Imprimerie F. Levé. rue Cassette, 17.

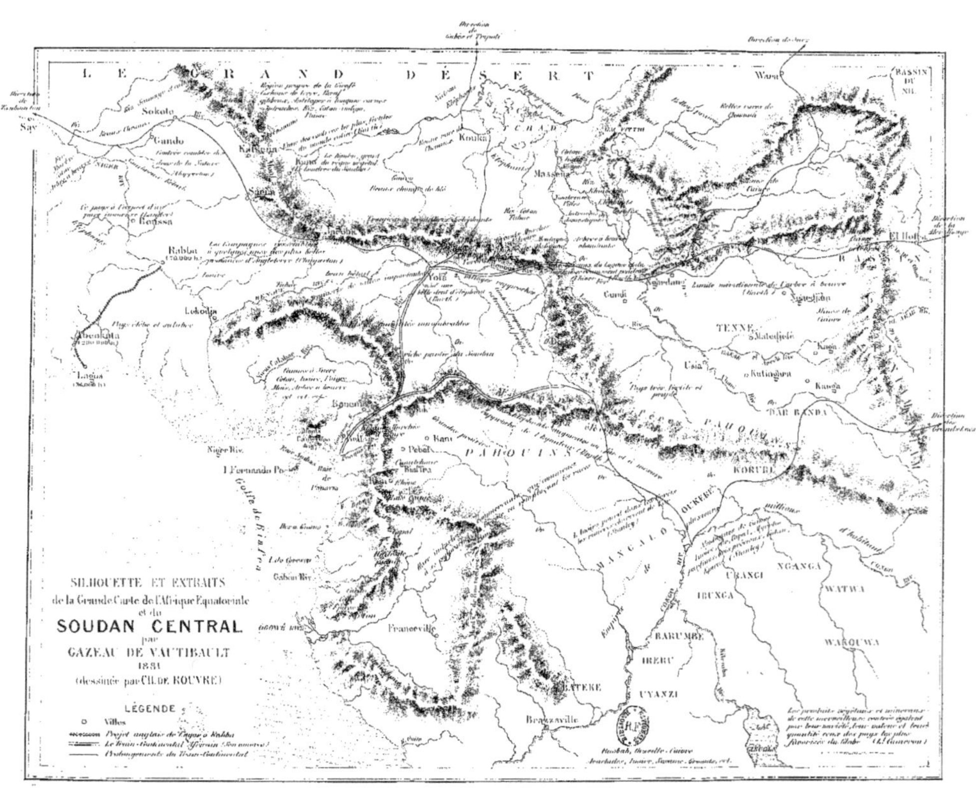

LE GRAND DÉSERT
BASSIN DU NIL
Direction de Gabès et Tripoli
Direction de Suez
TCHAD
Waru
Sokoto
Gando
Katsena
Saria
Rabba
Boussa
Lokodja
Abeokuta
Lagos
Benin
Fernando Po
Golfe de Biafra
Gabon Riv.
Franceville
Brazzaville
BATEKE
UYANZI
MANGALO
OUREU
IRUNGA
URANGI
BARUMBE
IRERU
NGANGA
WATWA
WAROUWA
KORURU
PAHOUINS
DAR BANDA
TENNE
El Hoff
BASSIN
Niger Riv.
SILHOUETTE ET EXTRAITS
de la Grande Carte de l'Afrique Equatoriale
et du
SOUDAN CENTRAL
par
GAZEAU DE VAUTIBAULT
1881
(dessinée par CH. DE ROUVRE)
LÉGENDE
Villes
Projet anglais de Eggar à Rabba
Le Trans-Continental Africain (Son amorce)
Prolongements du Trans-Continental